AF648355

HERZLICH WILLKOMMEN,

ich freue mich sehr, dass du meine Rezeptsammlung ausgewählt hast. Mein Name ist Sandra Backwinkel und ich bin Food-Bloggerin. Ich lebe mit meiner Familie im nordrhein-westfälischen Kamen und auf Mallorca. Meine Leidenschaft ist definitiv das Brotbacken. Ich genieße schon den ganzen Prozess des Brotbackens und liebe es, wenn der Duft von frisch gebackenem Brot durch mein Haus weht. Deshalb habe ich mich entschlossen, eine Rezeptsammlung mit verschiedenen Broten zu erstellen. Und was passt zu einem frisch gebackenen Brot? Natürlich ein wunderbarer Aufstrich. Somit möchte ich dir zu den Broten einige feine, herzhafte Brotaufstriche vorstellen.

2016 habe ich die Stoneware-Produkte von Pampered Chef® kennengelernt und war sehr schnell begeistert von den Backresultaten. Seither bin ich auch Beraterin für das Direktvertriebsunternehmen Pampered Chef®.

Ich wünsche dir nun viel Spaß beim Stöbern, beim Nachbacken und –mixen meiner Rezepte.

Sandra

Deine Sandra

PS: Die Abkürzung TM in den Rezepten steht für Thermomix®

@kinderleichtkochen_turbomixe
@turbomixe
Sandra Backwinkel
www.kinderleichtkochen.com
kinderleichtkochen

BROT

AUFSTRICHE

STONEWARE VON PAMPERED CHEF®

Die Stoneware von Pampered Chef® ist ein reines Naturprodukt und besteht aus 100%igem weißen Ton. Sie enthält keine Zusätze wie Blei oder Aluminium. Einige Produkte sind außen mit einer Glasur überzogen.

Die Stoneware wird in den USA hergestellt und der Ton wird bei Temperaturen von über **1000° C** gebrannt, was ihn sehr feinporig macht. Er muss somit nicht gewässert werden. Beim Backprozess werden die Poren der Teige verschlossen. Dadurch bekommen die Brote eine tolle Kruste und die Saftigkeit im Inneren bleibt erhalten.

Die Stoneware ist schnitt- und kratzfest, gefrier- und mikrowellengeeignet und kann in allen konventionellen Backöfen bis zu einer maximalen Temperatur von 230° C verwendet werden. Dies ist auch die Temperatur, die ich beim Backen von Broten in den Stoneware-Formen mit Deckel verwende. Die Brote im Zauberkasten backe ich bei höchstens 210° C, damit die Teige nicht verbrennen. Außerdem verwende ich immer Ober- und Unterhitze und gebe die jeweilige Stoneware-Form auf einen Rost, den ich auf die unterste Schiene in den Backofen einschiebe.

Wenn die Stoneware neu ist, sollte sie mit einem hocherhitzbaren Öl wie Kokosöl oder Rapsöl eingefettet werden. So backen die Teige nicht an. Mit der Zeit bildet sich eine natürliche Patina und der Ton der Stoneware dunkelt nach. Das ist ein völlig normaler Prozess und ich muss die Formen dann auch nicht mehr fetten.

Zur Reinigung nutze ich lediglich Wasser und eine Spülbürste, sodass sich die Patina bilden kann bzw. später erhalten bleibt.

Bei knetbaren Teigen falte ich diese einige Male bevor ich sie in die Stoneware zum Backen gebe. Durch das Falten wird der Teig schön locker und erhält mehr Struktur. Dafür gebe ich den Teig nach dem Ruhen auf eine bemehlte Teigunterlage und klopfe ihn mit den Händen platt. Dann schlage ich die linke und rechte Seite des Teiges zur Mitte ein. Danach klopfe ich ihn wieder platt und schlage die obere und untere Seite zur Mitte ein. Diesen Prozess wiederhole ich einige Male und bringe den Teig zum Schluss in eine ovale oder rundlichen Form.

DER KLEINE UND DER RUNDE ZAUBERMEISTER

Beide Stoneware-Formen fassen ca. 1,5 l. Sie sind perfekt für kleinere Brote, aber auch als Schmor-, Braten- und Auflaufform gut verwendbar und besitzen einen Deckel. Allerdings wurde der runde Zaubermeister im September 2020 aus dem Programm genommen.

Maße kleiner Zaubermeister:
26 x 15,9 cm

Maße runder Zaubermeister:
Ø 23 cm

DER ZAUBERKASTEN

Der Zauberkasten ist ebenfalls gut für Brote geeignet. Ich nutze ihn meistens für Brote ohne Hefe, wie das Kernbeißer-Brot, das Low-Carb-Brot oder das Buchweizenbrot. Der Zauberkasten ist das Pendant zur Kastenform für Kuchen.

Maße Zauberkasten:
23 x 13 cm, Volumen ca. 1,4 l

In meiner Rezeptsammlung benutze ich fast ausschließlich meine Lieblingsprodukte für das Brotbacken - den kleinen Zaubermeister „Lily“, den runden Zaubermeister und die Kastenform. Ich persönlich backe nämlich lieber kleine Brote und dafür öfter. Für den Ofenmeister, der mit 3 l vom Volumen her doppelt so groß wie der kleine Zaubermeister ist, können somit die meisten Brotrezepte von der Zutatenmenge einfach verdoppelt und die Backzeit einige Minuten verlängert werden. Insgesamt sind meine angegebenen Backzeiten Richtwerte, die ihr an euren Backofen anpassen müsst, denn jeder Backofen ist etwas anders.

Neben der Stoneware sind meine ständigen Begleiter beim Brotbacken das Kuchengitter, die große Nixe, die Silikon-Handschuhe „Packs an!“, die Teigunterlage, das SauberFix-Plättchen, der kleine Streicher, der kleine Servierheber und der Streufix von Pampered Chef®.

Wie ich lernte, kinderleicht zu kochen

Bevor es mit meiner Rezeptsammlung losgeht, möchte ich dir kurz noch ein wenig von mir erzählen. Ich war nämlich nicht immer Food-Bloggerin – früher habe ich nicht mal besonders gern gekocht! Ich war im Außendienst in der Versicherungsbranche tätig. Fürs Kochen blieb da wenig Zeit, ich hatte ständig Termine. Also musste alles schnell schnell gehen. Da kam der Thermomix® wie gerufen: Ich habe das Gerät bei einer Freundin kennengelernt und war sofort begeistert. Endlich konnte ich gesunde Gerichte innerhalb kürzester Zeit zubereiten! Und so langsam wurde aus dem Kochmuffel Sandra eine begeisterte Küchenfee. Die Produkte von Pampered Chef® stellen für mich eine sinnvolle Ergänzung zum Thermomix® dar.

Wenn ich ein neues Brot-Rezept entwickle, gucke ich einfach in meinen Vorratsschrank: Was springt mich an? Welche Mehle passen gut zusammen? Das Grundwissen, wie Mehle und Wasser gemischt werden müssen, habe ich mir mit der Zeit angeeignet. Inzwischen sehe ich schon am Teig, ob das Brot gelingt. Mein kleiner Sohn hilft gern in der Küche und wirft zum Beispiel die Zutaten in den Thermomix®. Und so war dann auch der Name für meinen Blog geboren: kinderleichtkochen!

Auf meiner Website findest du jede Menge Rezepte. (www.kinderleichtkochen.com)

Nicht nur für weitere leckere Brote und Aufstriche, auch Suppen, Snacks, Hauptgerichte und Beilagen sind dabei. Wenn du mit einem gelingsicheren Brot starten möchtest, dann probiere mal meine Dinkel-Knusper-Kruste aus. Das Rezept findest du auf Seite 44.

Neben dem Kochen und Backen ist das Singen meine große Leidenschaft. Im Sommer bin ich mit meiner Familie oft auf Mallorca und trete auf der Insel als Hochzeitssängerin auf. Meine Wahlheimat hat natürlich auch meine Küche beeinflusst. Ich liebe zum Beispiel den typisch mallorquinischen Mandelkuchen. Oder auch den typisch spanischen Thunfisch-Surimi-Aufstrich, der gern als Tapas gereicht wird. Auf Seite 60 kannst du das Rezept dafür nachlesen.

Ich wünsche dir nun viel Freude beim Nachbacken und -mixen meiner Rezepte. Hast du Wünsche, Anregungen oder Kritik? Welches Brot schmeckt dir am besten? Und welchen Aufstrich isst du dazu? Lass es mich gern wissen, ich freue mich auf deine Kommentare! Du findest mich auf allen großen Social-Media-Plattformen. Und jetzt: An den Mixer, fertig, los!

- @kinderleichtkochen_turbomixe
- @turbomixe
- Sandra Backwinkel
- www.kinderleichtkochen.com
- kinderleichtkochen

ROGGENSAUERTEIG HERSTELLEN

850 g Sauerteig   6 Tage

ZUTATEN

460 g Roggenkörner
460 g Wasser, lauwarm

TAG 1:
100 g Roggenkörner mahlen [TM: 30 Sek. / Stufe 10] und in eine Schüssel umfüllen. 100 g lauwarmes Wasser hinzufügen und gut verrühren. Schüssel abdecken und an einen warmen Ort (20-25° C) stellen.

TAG 2:
Nach 24 Stunden Teig umrühren und das Prozedere wiederholen (100 g Roggenkörner mahlen und mit 100 g Wasser in die Schüssel geben, verrühren und an den warmen Ort zurückstellen).

TAG 3:
Nach weiteren 24 Stunden 200 g Roggenkörner mahlen und mit 200 g lauwarmem Wasser in die Schüssel geben, verrühren und diese wieder an den warmen Ort zurückstellen.

TAG 4:
Nach weiteren 24 Stunden 30 g Roggenkörner mahlen und mit 30 g lauwarmem Wasser in die Schüssel geben, verrühren und diese wieder an den warmen Ort zurückstellen.

TAG 5:
Nach weiteren 24 Stunden 30 g Roggenkörner mahlen und mit 30 g lauwarmem Wasser in die Schüssel geben, verrühren und diese wieder an den warmen Ort zurückstellen.

TAG 6:
Jetzt ist der Sauerteig fertig und ich kann den benötigten Teil davon wegnehmen, um mein Brot zu backen. Den restlichen Sauerteig stelle ich in einem Schraubgefäß in den Kühlschrank. Dies ist mein Anstellsauerteig, den ich in nur 1 Tag auf die gewünschte Menge vermehren kann. Er hält ca. 10-14 Tage im Kühlschrank.

VERMEHRUNG VON ANSTELLSAUERTEIG:

Vermehrt werden kann der Sauerteig dann innerhalb von 6-12 Stunden. Zur Vermehrung des Anstellsauerteiges 1 EL Anstellsauerteig, 100 g Roggenvollkornmehl und 100 g Wasser in einer Schüssel verrühren, abdecken und 6-12 Stunden bei Raumtemperatur gären lassen. Für mehr neuen Sauerteig kannst du die Mengen entsprechend vervielfältigen.

KONSERVIERUNG VON ROGGENSAUERTEIG:

Im Kühlschrank hält sich der Roggensauerteig ca. 10-14 Tage. Möchtest du einen Teil des Sauerteiges schon mal konservieren, für den Fall, dass der frische Sauerteig doch mal schlecht werden sollte, hast du folgende Möglichkeiten.

MÖGLICHKEIT 1:
2 EL des frischen Roggensauerteiges in ein kleines Schraubglas geben und einfrieren. Im Gefrierschrank hält er sich mind. 1 Jahr. Nach dem Auftauen den Sauerteig mit Roggenvollkornmehl (im Idealfall selbst gemahlen) und lauwarmem Wasser im Verhältnis 1:1:1 füttern. Gelegentlich umrühren, bis er wieder Blasen wirft.

MÖGLICHKEIT 2:
Eine Schicht Roggensauerteig dünn auf ein Backpapier streichen und bei Zimmertemperatur trocknen lassen. Danach mit einer Küchenmaschine zerkleinern [TM: 5 Sek. / Stufe 10]. Anschließend in einem sauberen, trockenen und verschließbaren Schraubglas lagern. So hält er sich mehrere Jahre. Zum Auffrischen im Verhältnis 1:1:1 mit Roggenvollkornmehl (im Idealfall selbst gemahlen) und lauwarmem Wasser anrühren. Gelegentlich umrühren, bis er wieder Blasen wirft. Dieses Prozedere kann sich 2-3 Mal wiederholen, da nur die trockenresistenten Mikroorganismen überleben.

MISCHBROT BIELEFELD

kleiner / runder Zaubermeister   ca. 1,5 Std.

ZUTATEN

250 g	Wasser, lauwarm
1 TL	Honig
10 g	Hefe, frisch
250 g	Weizenmehl (405 oder 550)
165 g	Roggenmehl 1150
10 g	Salz
10 g	Trockensauerteigpulver
80 g	Joghurt

1 250 g lauwarmes Wasser, 10 g frische Hefe und 1 TL Honig auflösen. [TM: 2 Min. / 37° C / Stufe 2]

2 Alle weiteren Zutaten hinzufügen und mit einer Küchenmaschine zu einem Teig verarbeiten. [TM: 3 Min. / Teigknetstufe]

3 Teig in eine Schüssel geben und abgedeckt für ca. 30 Min. an einen warmen Ort geben.

4 Teig auf eine bemehlte Teigunterlage geben, bemehlen, ein paar Male falten und zu einem Laib formen.

5 Anschließend den Brotlaib in die ggf. gefettete Stoneware geben, bemehlen, einschneiden und den Deckel aufsetzen.

6 Stoneware auf einen Rost auf unterster Einschubtiefe in den Backofen stellen und im kalten Backofen ca. 40 Min. bei 230° C Ober-/Unterhitze backen.

7 Deckel abnehmen und weitere 5 Min. backen.

8 Brot aus der Form nehmen und auf dem Kuchengitter vor dem Schneiden auskühlen lassen.

TIPP

Für den Ofenmeister die Zutaten einfach verdoppeln und Backzeiten etwas verlängern.

TIPP
Für den Ofenmeister die Zutaten einfach verdoppeln und Backzeiten einige Minuten verlängern.

MISCHBROT FALKENSEE

kleiner / runder Zaubermeister ca. 1 Std. 45 Min.

ZUTATEN

250 g	Wasser, lauwarm
15 g	Hefe, frisch
10 g	Zuckerrübensirup
100 g	Weizenmehl 1050
110 g	Roggenmehl 997
200 g	Dinkelmehl 1050
10 g	Salz
1 TL	Trockensauerteigpulver
1 TL	Backmalz (optional)
10 g	Balsamicoessig, dunkel

1 250 g lauwarmes Wasser, 15 g frische Hefe und 10 g Zuckerrübensirup vermischen. [TM: 2 Min. / 37° C / Stufe 2]

2 Alle weiteren Zutaten hinzufügen und mit einer Küchenmaschine zu einem Teig verarbeiten. [TM: 3 Min. / Teigknetstufe]

3 Teig in eine Schüssel geben und abgedeckt für ca. 60 Min. an einem warmen Ort gehen lassen.

4 Teig auf eine bemehlte Teigunterlage geben, bemehlen und ein paar Male falten und einen Laib formen.

5 Laib in die ggf. gefettete Stoneware geben, bemehlen, einschneiden und ca. 30 Min. bei geschlossenem Deckel gehen lassen.

6 Stoneware auf einen Rost auf unterster Einschubhöhe in den kalten Backofen stellen und für ca. 40 Min. bei 230° C Ober-/Unterhitze backen.

7 Deckel abnehmen und weitere 5-7 Min. backen.

8 Brotlaib aus der Form nehmen und vor dem Schneiden auf dem Kuchengitter auskühlen lassen.

DINKEL-MÜSLI-BROT

kleiner / runder Zaubermeister — ca. 2 Std.

ZUTATEN

340 g	Wasser, lauwarm
20 g	Hefe, frisch
1 TL	Rübenkraut
200 g	Müsli ohne Rosinen
300 g	Dinkelmehl 1050 oder 630
1 EL	Backmalz (optional)
1,5 EL	Balsamicoessig, dunkel
10 g	Salz

TIPP

Das Müsli kann man sich auch selbst aus Haferflocken, Leinsamen und einigen Kernen wie Sonnenblumen- oder Kürbiskernen, Nüssen und Mandeln selbst zusammenmischen. Für den Ofenmeister die Zutaten einfach verdoppeln.

1 340 g lauwarmes Wasser, 20 g frische Hefe und 1 TL Rübenkraut auflösen. [TM: 2 Min. / 37° C / Stufe 2]

2 Alle weiteren Zutaten hinzufügen und mit einer Küchenmaschine zu einem Teig verarbeiten. [TM: 3 Min. / Teigknetstufe]

3 Teig in eine Schüssel geben und abgedeckt 1 Std. an einem warmen Ort ruhen lassen. Währenddessen den Backofen auf 230° C Ober-/Unterhitze vorheizen.

4 Teig auf die bemehlte Teigunterlage geben, bemehlen, mehrmals falten und zu einem Laib formen.

5 Anschließend den Brotlaib in die ggf. gefettete Stoneware geben, bemehlen, einschneiden und den Deckel aufsetzen.

6 Stoneware auf einen Rost auf unterster Einschubtiefe in den vorgeheizten Backofen stellen und ca. 40-45 Min. bei 210° C Ober-/Unterhitze backen.

7 Deckel abnehmen und weitere 7-10 Min. backen.

TOASTBROT

kleiner / runder Zaubermeister | ca. 1,5 Std.

TIPP

Wer keine Körner/Vollkornmehl verwenden möchte, stockt einfach das restliche Mehl auf 500 g auf und nimmt 230 g Wasser anstelle von 240 g. Der Teig neigt sehr stark zum „Gehen", deshalb bitte bei Schritt 6 nicht länger als 20 Min. gehen lassen. Zutatenmengen für den Ofenmeister verdoppeln und Backzeit etwas verlängern.

ZUTATEN

50 g	Dinkelkörner oder Dinkelvollkornmehl
240 g	Wasser, lauwarm
20 g	Hefe, frisch
30 g	brauner Rohrzucker
30 g	Butter
430 g	Dinkelmehl 630 oder Weizenmehl 405
5 g	Salz

1 50 g Dinkelkörner mahlen und umfüllen. [TM: 30 Sek. / Stufe 10]

2 240 g lauwarmes Wasser, 20 g frische Hefe, 30 g braunen Rohrzucker und 30 g Butter auflösen. [TM: 2,5 Min. / 37° C / Stufe 2]

3 430 g Dinkelmehl, zerkleinerte Dinkelkörner und 5 g Salz hinzufügen und mit einer Küchenmaschine zu einem Teig verarbeiten. [TM: 3 Min. / Teigknetstufe]

4 Teig in eine Schüssel füllen und abgedeckt für 30 Min. an einem warmen Ort gehen lassen.

5 Teig auf eine leicht bemehlte Teigunterlage geben, grob eine Rolle formen und diese in 3 Teile teilen.

6 Aus den jeweiligen Teilen eine Kugel formen / schleifen, in die Stoneware geben, Deckel aufsetzen und 20 Min. gehen lassen. In dieser Zeit den Backofen auf 220° C Ober-/Unterhitze vorheizen.

7 Stoneware auf einen Rost auf unterster Einschubtiefe in den Backofen stellen und ca. 25 Min. bei 220° C Ober-/Unterhitze backen.

8 Brot aus der Form nehmen und auf dem Kuchengitter vor dem Schneiden auskühlen lassen.

POWER-KÖRNER-BROT

kleiner / runder Zaubermeister ca. 1 Std.

	ZUTATEN
250 g	Wasser, lauwarm
15 g	Hefe, frisch
1 TL	Honig
240 g	Dinkelmehl 630
130 g	Roggenvollkornmehl
55 g	Naturjoghurt
5 g	Salz
1 EL	Trockensauerteigpulver
10 g	Sonnenblumenkerne
20 g	Chiasamen
20 g	Sesam
20 g	Leinsamen

1 250 g lauwarmes Wasser, 1 TL Honig und 15 g Hefe auflösen. [TM: 2 Min. / 37° C / Stufe 2]

2 Alle weiteren Zutaten mit einer Küchenmaschine zu einem Teig verarbeiten. [TM: 4 Min. / Teigknetstufe]

3 Teig direkt in die Stoneware geben und die Oberfläche des Teiges mit nassen Fingern glatt streichen, mit dem Streufix etwas bemehlen, einige Chiasamen draufstreuen und Deckel aufsetzen.

4 Stoneware auf einen Rost auf unterster Einschubtiefe in den kalten Backofen stellen und für ca. 50 Min. bei 230° C Ober-/Unterhitze backen.

5 Deckel abnehmen und weitere 5-7 Min. backen.

6 Brot aus der Form nehmen und auf dem Kuchengitter vor dem Schneiden auskühlen lassen.

TIPP
Für den Ofenmeister Zutaten verdoppeln und Backzeit einige Minuten verlängern.

DINKEL-MÖHREN-BROT

kleiner / runder Zaubermeister   ca. 3,5 Std.

ZUTATEN

400 g	Dinkelkörner oder Dinkelvollkornmehl
120 g	Möhren, in Stücken
15 g	Hefe, frisch
180 g	Wasser, lauwarm
75 g	Naturjoghurt oder Sojajoghurt
70 g	Sonnenblumen- oder Kürbiskerne
10 g	Salz

TIPP

Für den Ofenmeister Zutaten verdoppeln. Backzeit dann ca. 50 Min. + 10 Min.

1 200 g Dinkelkörner mahlen und umfüllen. [TM: 1 Min. / Stufe 10]

2 200 g Dinkelkörner wie in Schritt 1 mahlen und zum schon gemahlenen Dinkel umfüllen.

3 120 g Möhren zerkleinern bzw. raspeln. [TM: 5 Sek. / Stufe 7]

4 400 g gemahlenes Dinkelmehl und die anderen Zutaten hinzugeben und mit einer Küchenmaschine zu einem Teig verarbeiten. [TM: 4 Min. / Teigknetstufe]

5 Teig in eine Schüssel geben und abgedeckt an einem warmen Ort für ca. 2,5 Std. gehen lassen. Währenddessen den Backofen auf 220° C Ober-/Unterhitze aufheizen.

6 Teig auf die bemehlte Teigunterlage geben, bemehlen, mehrmals falten und zu einem Laib formen. Anschließend den Brotlaib in die ggf. gefettete Stoneware geben, bemehlen, einschneiden und den Deckel aufsetzen.

7 Stoneware auf einen Rost auf unterster Einschubtiefe in den Backofen stellen und 40 Min. auf 220° C Ober-/Unterhitze backen.

8 Deckel abnehmen und weitere 10 Min. backen.

9 Brot aus der Form nehmen und auf dem Kuchengitter vor dem Schneiden auskühlen lassen.

WALNUSS-BUTTER-MILCH-BROT

kleiner / runder Zaubermeister ca. 1,5 Std.

ZUTATEN

300 g	Buttermilch, zimmerwarm
20 g	Hefe, frisch
1 TL	Honig
160 g	Dinkelmehl 1050
240 g	Dinkelmehl 630
10 g	Salz
120 g	Walnüsse

1 300 g Buttermilch, 20 g Hefe und 1 TL Honig auflösen. [TM: 2 Min. / 37° C / Stufe 2]

2 Restliche Zutaten hinzufügen und mit einer Küchenmaschine zu einem Teig verarbeiten. [TM: 3 Min. / Teigknetstufe]

3 Teig in eine Schüssel geben und abgedeckt an einem warmen Ort für ca. 30-40 Min. gehen lassen.

4 Teig auf eine bemehlte Teigunterlage geben, bemehlen, mehrmals falten und zu einem Laib formen.

5 Anschließend den Brotlaib in die ggf. gefettete Stoneware geben, bemehlen, einschneiden, mit Walnüssen dekorieren und den Deckel aufsetzen.

6 Auf einen Rost auf unterster Einschubtiefe in den kalten Backofen geben und bei 230° C Ober-/Unterhitze für ca. 35-40 Min. backen.

7 Deckel abnehmen und weitere 5 Min. backen.

8 Brot aus der Form nehmen und auf dem Kuchengitter vor dem Schneiden auskühlen lassen.

TIPP
Für den Ofenmeister die Zutaten einfach verdoppeln und die Backzeit um ca. 10 Min. verlängern.

MISCHBROT KÖLN

kleiner / runder Zaubermeister ca. 1 Std.

TIPP
Wer Dinkelkörner nimmt, diese im ersten Schritt mahlen (TM: 1 Min. / Stufe 10).

ZUTATEN

170 g	Wasser
15 g	Hefe, frisch
1 TL	Honig
150 g	Roggenmehl 997 oder 1150
200 g	helles Dinkelmehl (630)
150 g	Dinkelvollkornmehl
150 g	Kefir oder Buttermilch
1 TL	Salz
2 EL	Trockensauerteigpulver
60 g	Sonnenblumenkerne
20 g	Chiasamen

1 Wasser, Honig und Hefe auflösen.
[TM: 2 Min. / 37° C / Stufe 2]

2 Roggenmehl, Dinkelmehl und Dinkelvollkornmehl, Sauerteigpulver, Sonnenblumenkerne, Chiasamen, Kefir und Salz hinzufügen und mit einer Küchenmaschine zu einem Teig verarbeiten.
[TM: 3 Min. / Teigknetstufe]

3 Teig auf eine bemehlte Teigunterlage geben, etwas bemehlen und einige Male falten und zu einem Laib formen, in die ggf. gefettete Stoneware geben und Deckel aufsetzen.

4 Stoneware auf einen Rost auf unterster Einschubtiefe in den kalten Backofen stellen und bei 220° C Ober-/Unterhitze ca. 45 Min. backen.

5 Dann Deckel abnehmen und weitere 7-10 Min. backen.

6 Brot aus der Form nehmen und auf dem Kuchengitter vor dem Schneiden auskühlen lassen.

BIERBROT

kleiner / runder Zaubermeister   ca. 2 Std.

TIPP

Wenn das Brot für den Ofenmeister und im TM gemacht wird, in Schritt 2 den Teig für 4 Min. kneten lassen, nach 30 Sek. den TM stoppen und mit dem Spatel manuell die Zutaten kurz unterheben.

ZUTATEN

250 g	Bier, ggf. alkoholfrei
130 g	Wasser, lauwarm
15 g	Hefe, frisch
10 g	Honig
380 g	Weizenmehl (405 oder 550)
185 g	Roggenmehl (997 oder 1150)
1,5 TL	Salz
1 EL	Backmalz (optional)

1 250 g zimmerwarmes Bier, 15 g Hefe, 130 g lauwarmes Wasser und 10 g Honig auflösen. [TM: 2 Min. / 37° C / Stufe 2]

2 380 g Weizenmehl, 185 g Roggenmehl, 1,5 TL Salz und 1 EL Backmalz hinzufügen und mit der Küchenmaschine zu einem Teig verarbeiten. [TM: 3 Min. / Teigknetstufe]

3 Teig in eine Schüssel geben und abgedeckt für ca. 1 Std. gehen lassen.

4 Teig auf eine bemehlte Teigunterlage geben, bemehlen und mit den Händen einige Male falten, zu einem Laib formen, in die ggf. gefettete Stoneware geben, bemehlen, mit einem Muster einschneiden und den Deckel aufsetzen.

5 Stoneware auf einen Rost auf unterster Einschubtiefe in den kalten Backofen stellen und bei 230° C Ober-/Unterhitze für ca. 40 Min. backen.

6 Deckel abnehmen und weitere 5 Min. backen.

7 Brot aus der Form nehmen und auf dem Kuchengitter vor dem Schneiden auskühlen lassen.

LOW-CARB-BROT

Zauberkasten ca. 1 Std.

	ZUTATEN
100 g	Dinkelflocken oder Haferflocken
180 g	Haferkleie
3	Eier, Größe M
500 g	Magerquark
1 TL	Salz
35 g	Leinsamen (gold oder normal)
30 g	Kürbiskerne oder Sonnenblumenkerne
50 g	Walnüsse
1 Pck.	(Weinstein-) Backpulver

TIPP
Brot kann auch ohne Deckel im kleinen Zaubermeister gebacken werden.

1 Backofen auf 200° C Ober-/Unterhitze vorheizen.

2 Alle Zutaten mit einer Küchenmaschine zu einem Teig verarbeiten. [TM: 1 Min. / Stufe 3]

3 Teig in den ggf. gefetteten Zauberkasten geben, glatt streichen und mit ein paar Haferflocken bestreuen.

4 Stoneware auf einen Rost auf unterster Einschubtiefe in den vorgeheizten Backofen stellen, bei 200° C Ober-/Unterhitze für ca. 55 Min. backen.

5 Brot aus der Form nehmen und vor dem Schneiden auf dem Kuchengitter gut auskühlen lassen.

GLUTENFREIES BUCHWEIZENBROT

Zauberkasten ca. 1 Std.

ZUTATEN

300 g	Buchweizenmehl
50 g	Kichererbsenmehl
30 g	Sesam
35 g	Leinsamen
35 g	Chiasamen
350 g	Magerquark
3	Eier, Größe M
1,5 TL	Salz
1 Pck.	(Weinstein-) Backpulver
10 g	Honig

1 Backofen auf 180° C Ober-/Unterhitze vorheizen.

2 Alle Zutaten mit einer Küchenmaschine zu einem Teig verrühren. [TM: 1 Min. / Stufe 4]

3 Teig direkt in den ggf. gefetteten Zauberkasten geben, glatt streichen und mit ein paar Sesamkörnern bestreuen.

4 Stoneware auf einen Rost auf unterster Einschubtiefe in den Backofen stellen und bei 180° C Ober-/Unterhitze für ca. 50 Min. backen, bis das Brot dunkelbraun ist.

5 Brot aus der Form nehmen und auf dem Kuchengitter vor dem Schneiden auskühlen lassen.

TIPP
Das Brot kann auch ohne Deckel im kleinen Zaubermeister gebacken werden.

KARTOFFELBROT

kleiner / runder Zaubermeister — ca. 1,5 Std.

TIPP
Für den Ofenmeister die Zutaten einfach verdoppeln. Wenn der Teig für den Ofenmeister hergestellt wird, bitte bei Schritt 4 nach 1 Min. die Küchenmaschine stoppen und einmal manuell mit einem Spatel die Zutaten unterrühren und dann die restliche Zeit weiterkneten lassen.

ZUTATEN

90 g	(Soja-)Milch
90 g	Wasser
25 g	Hefe, frisch
1 TL	Honig
190 g	gekochte Kartoffeln, abgekühlt
1,5 TL	Apfelessig
260 g	Dinkelmehl 630
115 g	Vollkornroggenmehl oder Roggenkörner
1 guter TL	Salz
1 EL	Backmalz (optional)

1 115 g Roggenkörner mahlen. [TM: 1 Min. / Stufe 10]

2 90 g Wasser, 90 g (Soja-)Milch, 25 g Hefe und 1 TL Honig und auflösen. [TM 2 Min. / 37° C / Stufe 2]

3 Kartoffeln in Stücken zugeben und vermischen. [TM: 5 Sek. / Stufe 6,5]

4 Alle weiteren Zutaten hinzufügen und mit einer Küchenmaschine zu einem Teig verarbeiten. [TM: 3 Min. / Teigknetstufe]

5 Teig in eine Schüssel füllen und abgedeckt an einem warmen Ort ca. 30 Min. gehen lassen.

6 Teig auf eine bemehlte Teigunterlage geben, bemehlen, mehrmals falten und zu einem Laib formen.

7 Anschließend den Brotlaib in die ggf. gefettete Stoneware geben, bemehlen, einschneiden und den Deckel aufsetzen.

8 Stoneware auf einen Rost auf unterster Einschubtiefe in den kalten Backofen stellen.

9 Ca. 40 Min. bei 230° C Ober-/Unterhitze backen.

10 Deckel abnehmen und weitere 5 Min. backen.

11 Brot aus der Form nehmen und auf dem Kuchengitter vor dem Schneiden auskühlen lassen.

DINKEL-MALZ-BROT

kleiner / runder Zaubermeister ca. 1,5 Std.

TIPP

Du kannst den Brotteig auch schon am Vorabend machen und am nächsten Morgen mit Schritt 4 weitermachen. Ich backe den Teig dann 5 Min. länger mit Deckel (also 45 Min.). Die Hefemenge reduziere ich hierbei auf 10 g.

ZUTATEN

160 g	Weizenmehl 405
260 g	Dinkelkörner oder -vollkornmehl
230 g	Malzbier, zimmerwarm
80 g	Wasser, lauwarm
20 g	Hefe, frisch
25 g	Balsamicoessig, dunkel
100 g	Sonnenblumenkerne oder **40 g** Sonnenblumen- und **60 g** Kürbiskerne
35 g	Leinsamen
20 g	Sesam
1,5 TL	Salz

1 260 g Dinkelkörner mahlen und umfüllen. [TM: 30 Sek. / Stufe 10]

2 230 g Malzbier, 80 g Wasser und 20 g Hefe auflösen. [TM: 1,5 Min. / 37° C / Stufe 2]

3 Dinkelmehl, 160 g Weizenmehl, 25 g Balsamicoessig, 100 g Sonnenblumenkerne, 35 g Leinsamen, 20 g Sesam und 1,5 TL Salz zugeben und mit einer Küchenmaschine zu einem Teig verarbeiten. [TM: 3 Min. / Teigstufe]

4 Teig abgedeckt 40 Min. in der Küchenmaschine belassen. Dies funktioniert nur bei dieser Zutatenmenge. Wenn du verdoppelst, lass den Teig bitte in einer großen Schüssel gehen.

5 Teig nochmals mit der Küchenmaschine durchkneten lassen. [TM: 1 Min. / Teigknetstufe]

6 Anschließend den Brotlaib in die ggf. gefettete Stoneware geben, bemehlen, einschneiden (ca. 1 cm tief) und den Deckel aufsetzen.

7 Stoneware auf einen Rost auf unterster Einschubtiefe in den kalten Backofen stellen und ca. 40 Min. bei 230° C Ober-/Unterhitze backen.

8 Deckel abnehmen und weitere 5 Min. backen.

9 Brot aus der Form nehmen und auf dem Kuchengitter vor dem Schneiden auskühlen lassen.

JOGHURT-KRÜSTCHEN

kleiner / runder Zaubermeister ca. 1,5 Std.

ZUTATEN

20 g	Hefe, frisch
1 TL	Honig
190 g	Wasser, lauwarm
250 g	Weizenmehl 405
130 g	Roggenmehl 997 oder 1150
80 g	Joghurt
10 g	Salz
2 EL	Weißweinessig oder heller Balsamicoessig
1 EL	Backmalz (optional)

TIPP
Für den Ofenmeister die Zutaten einfach verdoppeln und Backzeiten etwas verlängern.

1 20 g Hefe mit 1 TL Honig und 190 g lauwarmem Wasser auflösen. [TM: 2 Min. / 37° C / Stufe 2]

2 Alle weiteren Zutaten hinzufügen und mit einer Küchenmaschine zu einem Teig verarbeiten. [TM: 4 Min. / Teigknetstufe]

3 Teig in eine Schüssel geben und abgedeckt ca. 30 Min. gehen lassen. Währenddessen den Backofen auf 230° C Ober-/Unterhitze vorheizen.

4 Teig auf eine bemehlte Teigunterlage geben, bemehlen, einige Male falten und zu einem Laib formen.

5 Anschließend den Brotlaib in die ggf. gefettete Stoneware geben, bemehlen, einschneiden und den Deckel aufsetzen.

6 Stoneware auf einen Rost auf unterster Einschubtiefe in den Backofen stellen und im vorgeheizten Backofen für ca. 35 Min. bei 230° C Ober-/Unterhitze backen.

7 Deckel abnehmen und weitere 5 Min. backen.

8 Brot aus der Form nehmen und auf dem Kuchengitter vor dem Schneiden auskühlen lassen.

MISCHBROT HANNOVER

Zauberkasten · ca. 1,5 Std.

ZUTATEN

160 g	Wasser, lauwarm
10 g	Hefe, frisch
1 TL	Honig
150 g	Roggenmehl 997 oder 1150
350 g	Dinkelmehl 1050
150 g	Buttermilch
1 TL	Salz
70 g	Roggen-Anstellsauerteig aus dem Kühlschrank
65 g	Kürbiskerne
25 g	Leinsamen

TIPP
Brot kann auch im kleinen Zaubermeister ohne Deckel gebacken werden.

1 160 g lauwarmes Wasser, 1 TL Honig und 10 g Hefe auflösen. [TM: 2 Min. / 37° C / Stufe 1]

2 150 g Roggenmehl, 350 g Dinkelmehl, 150 g Buttermilch, 1 TL Salz, 70 g frischen Sauerteig, 65 g Kürbiskerne und 25 g Leinsamen hinzufügen und mit der Küchenmaschine zu einem Teig verarbeiten. [TM: 4 Min. / Teigknetstufe]

3 Teig in eine Schüssel geben und abgedeckt ca. 45 Min. an einem warmen Ort gehen lassen.

4 Teig auf eine bemehlte Teigunterlage geben, bemehlen und einige Male von außen nach innen falten und zu einem länglichen Laib formen.

5 Laib in den ggf. mit Kokosöl gefetteten Zauberkasten geben, etwas bemehlen und mit einem feinen Messer ein schönes Muster hineinritzen.

6 Stoneware auf einen Rost auf unterster Einschubtiefe in den Backofen stellen und im kalten Backofen bei 210° C Ober-/Unterhitze ca. 45 Min. backen.

7 Nach dem Backen aus der Form lösen und auf dem Kuchengitter auskühlen lassen, damit die Kruste schön knackig bleibt.

TOMATENBROT

kleiner / runder Zaubermeister ca. 1 Std. 15 Min.

ZUTATEN

420 g	Weizenmehl 405
260 g	passierte Tomaten
1,5 TL	Salz
1 TL	Honig
15 g	Olivenöl
1 gstr. TL	Oregano
1 gstr. TL	Basilikum
20 g	Hefe, frisch

TIPP
Für den Ofenmeister Zutaten verdoppeln und Backzeit einige Minuten verlängern.

1 Alle Zutaten mit einer Küchenmaschine zu einem Teig verarbeiten. [TM: 3 Min. / Teigknetstufe]

2 Teig auf eine Teigunterlage geben, einige Male falten und zu einem Laib formen.

3 Anschließend den Brotlaib in die ggf. gefettete Stoneware geben, bemehlen, schräg einschneiden, Deckel aufsetzen und ca. 30 Min. an einem warmen Ort gehen lassen.

4 Währenddessen den Backofen auf 230° C Ober-/Unterhitze vorheizen.

5 Stoneware auf einen Rost auf unterster Einschubtiefe in den vorgeheizten Backofen stellen und ca. 30 Min. bei 230° C Ober-/Unterhitze backen.

6 Deckel abnehmen und ca. 3 Min. weiterbacken lassen.

7 Brot aus der Form nehmen und auf dem Kuchengitter vor dem Schneiden auskühlen lassen.

DINKEL-KNUSPER-KRUSTE

kleiner / runder Zaubermeister ca. 2 Std.

ZUTATEN

260 g	Wasser, lauwarm
15 g	Hefe, frisch
1/2 TL	Honig
2 EL	Backmalz (optional)
500 g	helles Dinkelmehl (630)
1,5 TL	Salz

TIPP

Für den Ofenmeister die Zutaten einfach verdoppeln. Das Dinkelmehl 630 kann durch Weizenmehl 405 ersetzt werden.

1 260 g Wasser, 1/2 TL Honig und 15 g Hefe auflösen. [TM: 2 Min. / 37° C / Stufe 2]

2 500 g Mehl, 2 gute EL Backmalz, 1,5 TL Salz hinzugeben und mit einer Küchenmaschine zu einem Teig verarbeiten. [TM: 3,5 Min. / Teigknetstufe]

3 Teig in eine Schüssel geben und abgedeckt 1 Std. an einem warmen Ort gehen lassen.

4 Teig auf eine bemehlte Teigunterlage geben, mit etwas Mehl bestäuben, einige Male falten, zu einem Laib formen, in die Stoneware geben, bemehlen und einschneiden.

5 Stoneware auf einen Rost auf unterster Einschubtiefe in den kalten Backofen stellen und bei 230° C Ober-/Unterhitze ca. 40 Min. backen, Deckel abnehmen und weitere 5 Min. backen.

6 Brot aus der Form nehmen und auf dem Kuchengitter vor dem Schneiden auskühlen lassen.

VOLLKORN-WEIZEN-EMMER-BROT

kleiner / runder Zaubermeister   ca. 2,5 Std.

ZUTATEN

200 g	Weizenkörner
285 g	Wasser, lauwarm
1 TL	Honig
20 g	Hefe, frisch
250 g	Emmermehl 1300
50 g	Sonnenblumenkerne
10 g	Salz

1 200 g Weizenkörner mahlen und umfüllen. [TM: 30 Sek. / Stufe 10]

2 285 g Wasser, 20 g Hefe und 1 TL Honig auflösen. [TM: 1,5 Min. / 37° C / Stufe 2]

3 Zerkleinerte Weizenkörner, 250 g Emmermehl, 50 g Sonnenblumenkerne und 10 g Salz hinzufügen und mit einer Küchenmaschine zu einem Teig verarbeiten. [TM: 3 Min. / Teigknetstufe]

4 Teig in eine große Schüssel geben und abgedeckt ca. 1,5 Std. gehen lassen.

5 Währenddessen den Backofen auf 230° C Ober-/Unterhitze vorheizen.

6 Teig auf die bemehlte Teigunterlage geben, mehrmals falten und zu einem Laib formen, einschneiden und Deckel aufsetzen.

7 Stoneware auf einen Rost auf unterster Einschubtiefe in den vorgeheizten Backofen stellen und ca. 40 Min. bei 230° C Ober-/Unterhitze backen.

8 Dann Deckel abnehmen und nochmals 5 Min. weiterbacken.

TIPP

Für den Ofenmeister die Zutaten einfach verdoppeln und die Backzeit um ca. 10 Min. verlängern.

ROGGEN-SAUERTEIGBROT

kleiner / runder Zaubermeister — ca. 8-9 Std.

ZUTATEN

300 g	Roggen-Anstellsauerteig aus dem Kühlschrank
375 g	Roggenmehl 997
375 g	Wasser, lauwarm
1 TL	Salz
1 TL	Brotgewürz
30 g	Leinsamen

1 Alle Zutaten mit einer Küchenmaschine zu einem Teig verarbeiten.
[TM: 3 Min. / Teigknetstufe]

2 Teig in eine Schüssel geben und ca. 6-8 Std. gehen lassen.

3 Backofen auf 250° C Ober-/Unterhitze aufheizen lassen.

4 Teig in die ggf. gut gefettete Stoneware fließen lassen und mit nassen Fingern glatt streichen und etwas bemehlen.

5 Stoneware auf einen Rost auf unterster Einschubtiefe in den Backofen stellen, bei 250° C für 15 Min. backen. Dann Backofen auf 210° C herunterregeln und weitere 45 Min. backen.

6 Deckel abnehmen und weitere 5-7 Min. backen.

7 Brot aus der Form nehmen und auf dem Kuchengitter vor dem Schneiden sehr gut auskühlen lassen.

TIPP

Für den Ofenmeister die Zutaten einfach verdoppeln. Hier beim Mischen im Thermomix mit dem Spatel ggf. etwas nachhelfen. Das Brot neigt dazu, noch etwas klätschig zu sein, und kann bei Bedarf noch scheibenweise aufgetoastet werden.

KERNBEISSER-BROT

Zauberkasten ca. 11 Std.

TIPP
Brot kann auch ohne Deckel im kleinen Zaubermeister gebacken werden.

ZUTATEN

40 g	Haselnüsse
40 g	Mandeln
200 g	Haferflocken
90 g	Sonnenblumenkerne
85 g	Kürbiskerne
100 g	Leinsamen
25 g	Chiasamen
35 g	Kokosöl
10 g	Honig
1,5 TL	Salz
480 g	Wasser, lauwarm

1 40 g Haselnüsse und 40 g Mandeln zerkleinern. [TM: 3 Sek. / Stufe 6]

2 Alle weiteren Zutaten hinzufügen und mit einer Küchenmaschine zu einem weichen Teig verarbeiten. [TM: 3 Min / Teigknetstufe]

3 Teig in eine Schüssel geben und abgedeckt über Nacht oder ca. 10-11 Std. in den Kühlschrank stellen.

4 Backofen auf 210° C Ober-/Unterhitze vorheizen.

5 Teig in den ggf. gefetteten Zauberkasten geben.

6 Stoneware auf einen Rost auf unterster Einschubtiefe in den vorgeheizten Backofen stellen und ca. 40-45 Min. bei 210° C Ober-/Unterhitze backen.

7 Brot aus der Form nehmen und vor dem Schneiden auf dem Kuchengitter gut auskühlen lassen.

EMMER-ROGGEN-LAIB

kleiner / runder Zaubermeister ca. 4 Std.

	ZUTATEN
240 g	Wasser, lauwarm
10 g	Hefe, frisch
1 TL	Honig
220 g	Emmermehl 1300
200 g	Roggenmehl 997 oder 1150
100 g	Roggen-Anstellsauerteig aus dem Kühlschrank
10 g	Salz
50 g	Sonnenblumenkerne

TIPP
Für den Ofenmeister die Zutaten einfach und Backzeit etwas verlängern.

1 240 g lauwarmes Wasser, 10 g Hefe und 1 TL Honig auflösen. [TM: 1,5 Min. / 37° C / Stufe 2]

2 220 g Emmermehl, 200 g Roggenmehl, 100 g Sauerteig, 10 g Salz und 50 g Sonnenblumenkerne hinzufügen und mit einer Küchenmaschine zu einem Teig verarbeiten. [TM: 3 Min. / Teigknetstufe]

3 Teig in eine Schüssel geben und abgedeckt an einem warmen Ort ca. 3 Std. gehen lassen.

4 Teig auf die bemehlte Teigunterlage geben, mehrmals falten und zu einem Laib formen.

5 Anschließend den Brotlaib in die ggf. gefettete Stoneware geben, bemehlen, einschneiden und den Deckel aufsetzen.

6 Stoneware auf einen Rost auf unterster Einschubtiefe in den kalten Backofen stellen und ca. 40-45 Min. bei 230° C Ober-/Unterhitze backen.

7 Deckel abnehmen und weitere 7-10 Min. backen.

8 Brot aus der Form nehmen und auf dem Kuchengitter vor dem Schneiden auskühlen lassen.

TOMATENBUTTER

6 Portionen ca. 10 Min.

ZUTATEN

10 g	Frühlingszwiebeln, in feinen Ringen (nur der hellgrüne Teil)
1/2 TL	Knoblauchpaste oder gute halbe Knoblauchzehe
100 g	Butter, zimmerwarm
50 g	Tomatenmark
1/3 TL	Salz
3	Hübe Pfeffer
1/3 TL	Chiliflocken (optional)

1 10 g Frühlingszwiebeln und 1/2 Knoblauchzehe fein hacken. [TM: 3 Sek. / Stufe 7]

2 100 g zimmerwarme Butter, 50 g Tomatenmark, 1/3 TL Salz, 3 Hübe Pfeffer und 1/3 TL Chiliflocken (optional) hinzufügen und mixen. [TM: 20 Sek. / Stufe 4]

AVOCADO-CREME

4–6 Portionen | ca. 10 Min.

TIPP:
Den Avocadokern nicht wegwerfen, sondern trocknen, Haut abziehen und pulverisieren. Der Avocadokern ist sehr vitaminreich und kann im Müsli, Joghurt oder Salat teelöffelweise verzehrt werden.

ZUTATEN

1	Avocado, reif, in Stücken
150 g	Frischkäse, Doppelrahmstufe
50 g	Schmand oder Crème fraîche
1/4 - 1/2 TL	Chiliflocken
3/4 TL	Knoblauchpaste oder
	1 Knoblauchzehe
1/4 TL	Pfeffer
1/4 TL	Paprika, edelsüß
1 TL	Salz
	etwas Zitronensaft

Alle Zutaten zusammen pürieren.

[TM: 10 Sek. / Stufe 6, nach unten schieben und erneut 5 Sek. / Stufe 6 mixen]

RADIESCHEN-FRÜHLINGS-ZWIEBEL-AUFSTRICH

6-8 Portionen   ca. 10 Min.

	ZUTATEN
50 g	Radieschen
10 g	Frühlingszwiebeln
150 g	Frischkäse
100 g	Quark
10 g	Schlagsahne, flüssig
ca. 1/2 TL	Salz
1/4-1/2 TL	Pfeffer

1 50 g Radieschen und 10 g Frühlingszwiebeln fein hacken / zerkleinern. [TM: 5 Sek. / Stufe 6, herunterschieben]

2 Alle weiteren Zutaten hinzufügen und verrühren. [TM: 10 Sek. / Stufe 3]

3 Abschmecken, ggf. noch etwas Salz hinzugeben und verrühren. [TM: 5 Sek. / Stufe 3]

TIPP
Mengen können verdoppelt werden. Passt super zu kräftigen Broten, z.B. dem Dinkel-Möhren-Brot.

FLEISCHWURST-SALAT

5 Portionen | ca. 10 Min.

ZUTATEN

140 g	Fleischwurst, in Stücken
70 g	Gewürzgurken (z.B. Cornichons)
70 g	Magerquark
70 g	Mayonnaise
35 g	Gurkenwasser
1/4 TL	Salz
1/4 TL	Pfeffer
1 Prise	Paprika, edelsüß

1 Fleischwurst und Cornichons zerkleinern. [TM: 3 Sek. / Stufe 5]

2 Alle weiteren Zutaten hinzufügen und untermischen. [TM: 15 Sek. / Linkslauf / Stufe 3]

3 Abschmecken und ggf. nachwürzen und bis zum Verzehr in den Kühlschrank stellen.

ANANAS-MÖHREN-AUFSTRICH

4–6 Portionen ca. 30 Min.

TIPP
Bis zum Verzehr mind. 30 Min. in den Kühlschrank stellen.

ZUTATEN

60 g	Zwiebeln, in Stücken
10 g	Sonnenblumenöl
1/2 TL	Knoblauchpaste oder halbe Knoblauchzehe
80 g	Möhren, in Stücken
5-7 g	Ingwer, frisch, geschält
1 TL	Currypulver
70 g	Ananas, aus der Dose, in Stücken (2 Scheiben) + 3 EL Saft (ca. 15 g)
1/2 TL	Gemüsewürzpaste für Gemüsebrühe oder 1/3 Gemüsebrühwürfel
100 g	Frischkäse
80 g	Crème fraîche
1/2 TL	Salz
	einige Prisen Pfeffer

1 60 g Zwiebeln, 1/2 TL Knoblauchpaste, 80 g Möhren und 5-7 g Ingwer zerkleinern. [TM: 5 Sek. / Stufe 5]

2 10 g Sonnenblumenöl hinzufügen und einige Minuten dünsten. [TM: 2 Min / 120° C / Stufe 1]

3 1 TL Currypulver hinzufügen und kurz weiterdünsten. [TM: 1 Min. / 120° C / Stufe 1]

4 70 g Ananas + 3 EL Saft und 1/2 TL Gewürzpaste für Gemüsebrühe dazugeben und weitergaren. [TM: 3 Min. / 120° C / Stufe 1]

5 Abkühlen lassen für ca. 10 Min. (auf ca. 45° C).

6 100 g Frischkäse, 80 g Crème fraîche, 1/2 TL Salz und einige Prisen Pfeffer hinzufügen und pürieren. [TM: 20 Sek. / stufenweise Stufe 4-8]

VEGANE PAPRIKA-STREICHCREME

4–6 Portionen ca. 10 Min.

ZUTATEN

100 g	Sonnenblumenkerne
75 g	rote Paprika, in Stücken
25 g	Kokosöl
20 g	Apfelsaft
10 g	Apfelessig
35 g	Tomatenmark
5 g	Zitronensaft
1 TL	Pizzagewürz (oder Mischung aus Basilikum, Oregano und Thymian)
1/3 TL	Knoblauchgranulat / Knoblauchflocken, getrocknet
1/2 TL	Salz

1 100 g Sonnenblumenkerne pürieren. [TM: 7 Sek. / Stufe 8]

2 75 g rote Paprika in Stücken und 25 g Kokosöl hinzufügen und mitpürieren. [TM: 5 Sek. / Stufe 7, herunterschieben]

3 Restliche Zutaten hinzufügen und vermischen. [TM: 15 Sek. / Stufe 4, herunterschieben und wiederholen]

THUNFISCH-SURIMI-AUFSTRICH

6 Portionen | ca. 10 Min.

ZUTATEN

75 g	Frühlingszwiebeln in ca. 4 mm Ringen (nur der weiße und hellgrüne Teil)
1	kleine Dose Thunfisch in Olivenöl (ca. 75 g)
150 g	Surimi
1	Ei, hart gekocht
15 g	Obstessig
100 g	Mayonnaise

1 Alle Zutaten zusammen gut zerkleinern.
[TM: 6 Sek. / Stufe 4,5]

DATTEL-DIP

6 Portionen ca. 10 Min.

TIPP
Die Zutaten können auch verdoppelt werden. Wenn eine Knoblauchzehe benutzt wird, diese als 1. Schritt bei der Zubereitung im TM bei Stufe 7 aufs laufende Messer fallen lassen und 3 Sek. warten.

ZUTATEN

75 g	Datteln, entkernt, getrocknet
1/2	Knoblauchzehe oder knapper ½ TL Knoblauchpaste
100 g	Crème fraîche oder Schmand
100 g	Frischkäse
1/2 TL	Chili mit Kernen
1/3 TL	Currypulver

1 75 g Datteln zerkleinern.
[TM: 5 Sek. / Stufe 8]

2 Alle weiteren Zutaten hinzufügen und vermischen.
[TM: 5 Sek. / Stufe 4]

VEGANER KICHERERBSEN-CURRY-AUFSTRICH

6 – 8 Portionen ca. 10 Min.

ZUTATEN

100 g	Cashew-Kerne, ungesalzen
220 g	Kichererbsen aus dem Glas, vorgekocht
60 g	Wasser
10 g	brauner Rohrzucker
20 g	Sonnenblumenöl
1	gestr. TL Ingwerpulver
1	gestr. TL Currypulver
1	guten TL Meersalz

1 100 g Cashew-Kerne pürieren. [TM: 10 Sek. / Stufe 10, nach unten schieben]

2 Alle weiteren Zutaten hinzufügen und cremig rühren. [TM: 15 Sek. / Stufe 4]

OBATZTER

6 Portionen | ca. 10 Min.

ZUTATEN

60 g	rote Zwiebeln oder Frühlingszwiebeln
250 g	Camembert
100 g	Magerquark
50 g	Sahne
1/2 TL	Kümmel (optional)
1/4 - 1/2 TL	Salz
1/4 TL	Paprika, edelsüß
1/4 TL	Pfeffer
	Schnittlauchröllchen zum Drüberstreuen

1 60 g Zwiebeln zerkleinern.
[TM: 3 Sek. / Stufe 6, nach unten schieben]

2 Alle anderen Zutaten – bis auf die Schnittlauchröllchen – hinzufügen und vermischen.
[TM: 15 Sek. / Stufe 4,5]

3 Mit den Schnittlauchröllchen garniert servieren.

TOMATE-BASILIKUM-AUFSTRICH

6–8 Portionen ca. 10 Min.

ZUTATEN

80 g	getrocknete Tomaten, eingelegt in Öl, abgetropft
10 g	Basilikum, frisch
10 g	Tomatenmark
300 g	Frischkäse
1/3 TL	Salz
3	Prisen Pfeffer

1 Getrocknete Tomaten und Basilikum fein hacken. [TM: 10 Sek. / Stufe 8]

2 Übrige Zutaten hinzufügen und mixen. [TM: 8 Sek. / Stufe 4]

NOTIZEN

HELFERLEIN FÜR DIE PERFEKTE BROTZEIT

In meinem Online-Shop **www.kinderleichtkochen.shop** findest du praktisches Zubehör zum Brotbacken - damit gelingt jede Brotzeit!

Brötchenstempel
6,28 €

WunderStyler Compact
11,95 €

Garkörbchen rund
16,45 €

Garkörbchen ov
17,45 €

Brötchenblech
17,95 €

Brotbackmischung „Landbrotkruste“
5,95 €

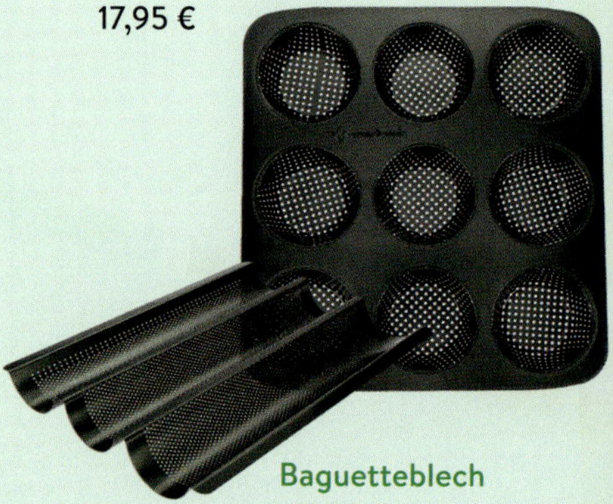

Baguetteblech
16,95 €

Premium-Teigunterlage
35,85 €

FlexiSpatel klein
13,95 €

Stand: 01.05.2022 - Preisänderungen vorbehalte